RAINER MARIA RILKE
IN EINEM FREMDEN PARK

Gartengedichte

Mit Fotos von Marion Nickig
Zusammengestellt von
Marianne Beuchert

Insel Verlag

Insel-Bücherei Nr. 1377

EINGANG

Wer du auch seist: am Abend tritt hinaus
aus deiner Stube, drin du alles weißt;
als letztes vor der Ferne liegt dein Haus:
wer du auch seist.
Mit deinen Augen, welche müde kaum
von der verbrauchten Schwelle sich befrein,
hebst du ganz langsam einen schwarzen Baum
und stellst ihn vor den Himmel: schlank, allein.
Und hast die Welt gemacht. Und sie ist groß
und wie ein Wort, das noch im Schweigen reift.
Und wie dein Wille ihren Sinn begreift,
lassen sie deine Augen zärtlich los . . .

Nur nimm sie wieder aus der Städte Schuld,
wo ihnen alles Zorn ist und verworren
und wo sie in den Tagen aus Tumult
verdorren mit verwundeter Geduld.

Hat denn für sie die Erde keinen Raum?
Wen sucht der Wind? Wer trinkt des Baches Helle?
Ist in der Teiche tiefem Ufertraum
kein Spiegelbild mehr frei für Tür und Schwelle?
Sie brauchen ja nur eine kleine Stelle,
auf der sie alles haben wie ein Baum.

DENN Gärten sind, – von Königen gebaut,
die eine kleine Zeit sich drin vergnügten
mit jungen Frauen, welche Blumen fügten
zu ihres Lachens wunderlichem Laut.
Sie hielten diese müden Parke wach;
sie flüsterten wie Lüfte in den Büschen,
sie leuchteten in Pelzen und in Plüschen,
und ihrer Morgenkleider Seidenrüschen
erklangen auf dem Kiesweg wie ein Bach.

Jetzt gehen ihnen alle Gärten nach –
und fügen still und ohne Augenmerk
sich in des fremden Frühlings helle Gammen
und brennen langsam mit des Herbstes Flammen
auf ihrer Äste großem Rost zusammen,
der kunstvoll wie aus tausend Monogrammen
geschmiedet scheint zu schwarzem Gitterwerk.

Und durch die Gärten blendet der Palast
(wie blasser Himmel mit verwischtem Lichte),
in seiner Säle welke Bilderlast
versunken wie in innere Gesichte,
fremd jedem Feste, willig zum Verzichte
und schweigsam und geduldig wie ein Gast.

DIE PARKE

I

UNAUFHALTSAM heben sich die Parke
aus dem sanft zerfallenden Vergehn;
überhäuft mit Himmeln, überstarke
Überlieferte, die überstehn,

um sich auf den klaren Rasenplänen
auszubreiten und zurückzuziehn,
immer mit demselben souveränen
Aufwand, wie beschützt durch ihn,

und den unerschöpflichen Erlös
königlicher Größe noch vermehrend,
aus sich steigend, in sich wiederkehrend:
huldvoll, prunkend, purpurn und pompös.

II

LEISE von den Alleen
ergriffen, rechts und links,
folgend dem Weitergehen
irgend eines Winks,

trittst du mit einem Male
in das Beisammensein
einer schattigen Wasserschale
mit vier Bänken aus Stein;

in eine abgetrennte
Zeit, die allein vergeht.
Auf feuchte Postamente,
auf denen nichts mehr steht,

hebst du einen tiefen
erwartenden Atemzug;
während das silberne Triefen
von dem dunkeln Bug

dich schon zu den Seinen
zählt und weiterspricht.
Und du fühlst dich unter Steinen
die hören, und rührst dich nicht.

III

DEN Teichen und den eingerahmten Weihern
verheimlicht man noch immer das Verhör
der Könige. Sie warten unter Schleiern,
und jeden Augenblick kann Monseigneur

vorüberkommen; und dann wollen sie
des Königs Laune oder Trauer mildern
und von den Marmorrändern wieder die
Teppiche mit alten Spiegelbildern

hinunterhängen, wie um einen Platz:
auf grünem Grund, mit Silber, Rosa, Grau,
gewährtem Weiß und leicht gerührtem Blau
und einem Könige und einer Frau
und Blumen in dem wellenden Besatz.

IV

Und Natur, erlaucht und als verletze
sie nur unentschloßnes Ungefähr,
nahm von diesen Königen Gesetze,
selber selig, um den Tapis-vert

ihrer Bäume Traum und Übertreibung
aufzutürmen aus gebauschtem Grün
und die Abende nach der Beschreibung
von Verliebten in die Avenün

einzumalen mit dem weichen Pinsel,
der ein firnisklares aufgelöstes
Lächeln glänzend zu enthalten schien:

der Natur ein liebes, nicht ihr größtes,
aber eines, das sie selbst verliehn,
um auf rosenvoller Liebes-Insel
es zu einem größern aufzuziehn.

V

Götter von Alleen und Altanen,
niemals ganzgeglaubte Götter, die
altern in den gradbeschnittnen Bahnen,
höchstens angelächelte Dianen
wenn die königliche Venerie

wie ein Wind die hohen Morgen teilend
aufbrach, übereilt und übereilend –;
höchstens angelächelte, doch nie

angeflehte Götter. Elegante
Pseudonyme, unter denen man
sich verbarg und blühte oder brannte, –
leichtgeneigte, lächelnd angewandte
Götter, die noch manchmal dann und wann

Das gewähren, was sie einst gewährten,
wenn das Blühen der entzückten Gärten
ihnen ihre kalte Haltung nimmt;
wenn sie ganz von ersten Schatten beben
und Versprechen um Versprechen geben,
alle unbegrenzt und unbestimmt.

VI

Fühlst du, wie keiner von allen
Wegen steht und stockt;
von gelassenen Treppen fallen,
durch ein Nichts von Neigung
leise weitergelockt,
über alle Terrassen
die Wege, zwischen den Massen
verlangsamt und gelenkt,
bis zu den weiten Teichen,
wo sie (wie einem Gleichen)
der reiche Park verschenkt

an den reichen Raum: den Einen,
der mit Scheinen und Widerscheinen
seinen Besitz durchdringt,
aus dem er von allen Seiten
Weiten mit sich bringt,

wenn er aus schließenden Weihern
zu wolkigen Abendfeiern
sich in die Himmel schwingt.

VII

ABER Schalen sind, drin der Najaden
Spiegelbilder, die sie nicht mehr baden,
wie ertrunken liegen, sehr verzerrt;
die Alleen sind durch Balustraden
in der Ferne wie versperrt.

Immer geht ein feuchter Blätterfall
durch die Luft hinunter wie auf Stufen,
jeder Vogelruf ist wie verrufen,
wie vergiftet jede Nachtigall.

Selbst der Frühling ist da nicht mehr gebend,
diese Büsche glauben nicht an ihn;
ungern duftet trübe, überlebend
abgestandener Jasmin

alt und mit Zerfallendem vermischt.
Mit dir weiter rückt ein Bündel Mücken,
so als würde hinter deinem Rücken
alles gleich vernichtet und verwischt.

SCHON, horch, hörst du der ersten Harken
Arbeit; wieder den menschlichen Takt
in der verhaltenen Stille der starken
Vorfrühlingserde. Unabgeschmackt

scheint dir das Kommende. Jenes so oft
dir schon Gekommene scheint dir zu kommen
wieder wie Neues. Immer erhofft,
nahmst du es niemals. Es hat dich genommen.

Selbst die Blätter durchwinterter Eichen
scheinen im Abend ein künftiges Braun.
Manchmal geben sich Lüfte ein Zeichen.

Schwarz sind die Sträucher. Doch Haufen von Dünger
lagern als satteres Schwarz in den Aun.
Jede Stunde, die hingeht, wird jünger.

IRRE IM GARTEN

Dijon

Noch schließt die aufgegebene Kartause
sich um den Hof, als würde etwas heil.
Auch die sie jetzt bewohnen, haben Pause
und nehmen nicht am Leben draußen teil.

Was irgend kommen konnte, das verlief.
Nun gehn sie gerne mit bekannten Wegen,
und trennen sich und kommen sich entgegen,
als ob sie kreisten, willig, primitiv.

Zwar manche pflegen dort die Frühlingsbeete,
demütig, dürftig, hingekniet;
aber sie haben, wenn es keiner sieht,
eine verheimlichte, verdrehte

Gebärde für das zarte frühe Gras,
ein prüfendes, verschüchtertes Liebkosen:
denn das ist freundlich, und das Rot der Rosen
wird vielleicht drohend sein und Übermaß

und wird vielleicht schon wieder übersteigen,
was ihre Seele wiederkennt und weiß.
Dies aber läßt sich noch verschweigen:
wie gut das Gras ist und wie leis.

Ihr Mädchen seid wie die Gärten
am Abend im April:
Frühling auf vielen Fährten,
aber noch nirgends ein Ziel.

DIE TREPPE DER ORANGERIE
Versailles

Wie Könige die schließlich nur noch schreiten
fast ohne Ziel, nur um von Zeit zu Zeit
sich den Verneigenden auf beiden Seiten
zu zeigen in des Mantels Einsamkeit –:

so steigt, allein zwischen den Balustraden,
die sich verneigen schon seit Anbeginn,
die Treppe: langsam und von Gottes Gnaden
und auf den Himmel zu und nirgends hin;

als ob sie allen Folgenden befahl
zurückzubleiben, – so daß sie nicht wagen
von ferne nachzugehen; nicht einmal
die schwere Schleppe durfte einer tragen.

FRÜHER APOLLO

Wie manches Mal durch das noch unbelaubte
Gezweig ein Morgen durchsieht, der schon ganz
im Frühling ist: so ist in seinem Haupte
nichts was verhindern könnte, daß der Glanz

aller Gedichte uns fast tödlich träfe;
denn noch kein Schatten ist in seinem Schaun,
zu kühl für Lorbeer sind noch seine Schläfe
und später erst wird aus den Augenbraun

hochstämmig sich der Rosengarten heben,
aus welchem Blätter, einzeln, ausgelöst
hintreiben werden auf des Mundes Beben,

der jetzt noch still ist, niegebraucht und blinkend
und nur mit seinem Lächeln etwas trinkend
als würde ihm sein Singen eingeflößt.

Es leuchteten im Garten die Syringen,
von einem Ave war der Abend voll, –
da war es, daß wir voneinander gingen
in Gram und Groll.

Die Sonne war in heißen Fieberträumen
gestorben hinter grauen Hängen weit,
und jetzt verglomm auch hinter Blütenbäumen
dein weißes Kleid.

Ich sah den Schimmer nach und nach vergehen
und bangte bebend wie ein furchtsam Kind,
das lange in ein helles Licht gesehen:
Bin ich jetzt blind? –

DIE SIEBENTE ELEGIE

WERBUNG nicht mehr, nicht Werbung, entwachsene Stimme,
sei deines Schreies Natur; zwar schrieest du rein wie der Vogel,
wenn ihn die Jahreszeit aufhebt, die steigende, beinah
vergessend,
daß er ein kümmerndes Tier und nicht nur ein einzelnes Herz sei,
das sie ins Heitere wirft, in die innigen Himmel.
Wie er, so
würbest du wohl, nicht minder –, daß, noch unsichtbar,
dich die Freundin erführ, die stille, in der eine Antwort
langsam erwacht und über dem Hören sich anwärmt, –
deinem erkühnten Gefühl die erglühte Gefühlin.

O und der Frühling begriffe –, da ist keine Stelle,
die nicht trüge den Ton der Verkündigung. Erst jenen kleinen
fragenden Auflaut, den, mit steigernder Stille,
weithin umschweigt ein reiner bejahender Tag.
Dann die Stufen hinan, Ruf-Stufen hinan, zum geträumten
Tempel der Zukunft –; dann den Triller, Fontäne,
die zu dem drängenden Strahl schon das Fallen zuvornimmt
im versprechlichen Spiel . . . Und vor sich, den Sommer.

Nicht nur die Morgen alle des Sommers –, nicht nur
wie sie sich wandeln in Tag und strahlen vor Anfang.
Nicht nur die Tage, die zart sind um Blumen, und oben,
um die gestalteten Bäume, stark und gewaltig.
Nicht nur die Andacht dieser entfalteten Kräfte,
nicht nur die Wege, nicht nur die Wiesen im Abend,
nicht nur, nach spätem Gewitter, das atmende Klarsein,
nicht nur der nahende Schlaf und ein Ahnen, abends . . .

sondern die Nächte! Sondern die hohen, des Sommers,
Nächte, sondern die Sterne, die Sterne der Erde.
O einst tot sein und sie wissen unendlich,
alle die Sterne: denn wie, wie, wie sie vergessen! [...]

VON DEN FONTÄNEN

Auf einmal weiß ich viel von den Fontänen,
den unbegreiflichen Bäumen aus Glas.
Ich könnte reden wie von eignen Tränen,
die ich, ergriffen von sehr großen Träumen,
einmal vergeudete und dann vergaß.

Vergaß ich denn, daß Himmel Hände reichen
zu vielen Dingen und in das Gedränge?
Sah ich nicht immer Großheit ohnegleichen
im Aufstieg alter Parke, vor den weichen
erwartungsvollen Abenden, – in bleichen
aus fremden Mädchen steigenden Gesängen,
die überfließen aus der Melodie
und wirklich werden und als müßten sie
sich spiegeln in den aufgetanen Teichen?

Ich muß mich nur erinnern an das Alles,
was an Fontänen und an mir geschah, –
dann fühl ich auch die Last des Niederfalles,
in welcher ich die Wasser wiedersah:
Und weiß von Zweigen, die sich abwärts wandten,
von Stimmen, die mit kleiner Flamme brannten,
von Teichen, welche nur die Uferkanten
schwachsinnig und verschoben wiederholten,
von Abendhimmeln, welche von verkohlten
westlichen Wäldern ganz entfremdet traten
sich anders wölbten, dunkelten und taten
als wär das nicht die Welt, die sie gemeint . . .

Vergaß ich denn, daß Stern bei Stern versteint
und sich verschließt gegen die Nachbargloben?
Daß sich die Welten nur noch wie verweint
im Raum erkennen? – Vielleicht sind wir *oben,*
in Himmel andrer Wesen eingewoben,
die zu uns aufschaun abends. Vielleicht loben
uns ihre Dichter. Vielleicht beten viele
zu uns empor. Vielleicht sind wir die Ziele
von fremden Flüchen, die uns nie erreichen,
Nachbaren eines Gottes, den sie meinen
in unsrer Höhe, wenn sie einsam weinen,
an den sie glauben und den sie verlieren,
und dessen Bildnis, wie ein Schein aus ihren
suchenden Lampen, flüchtig und verweht,
über unsere zerstreuten Gesichter geht...

INITIALE

Aus unendlichen Sehnsüchten steigen
endliche Taten wie schwache Fontänen,
die sich zeitig und zitternd neigen.
Aber, die sich uns sonst verschweigen,
unsere fröhlichen Kräfte – zeigen
sich in diesen tanzenden Tränen.

DER PAVILLON

Aber selbst noch durch die Flügeltüren
mit dem grünen regentrüben Glas
ist ein Spiegeln lächelnder Allüren
und ein Glanz von jenem Glück zu spüren,
das sich dort, wohin sie nicht mehr führen,
einst verbarg, verklärte und vergaß.

Aber selbst noch in den Stein-Guirlanden
über der nicht mehr berührten Tür
ist ein Hang zur Heimlichkeit vorhanden
und ein stilles Mitgefühl dafür –,

und sie schauern manchmal, wie gespiegelt,
wenn ein Wind sie schattig überlief;
auch das Wappen, wie auf einem Brief
viel zu glücklich, überstürzt gesiegelt,

redet noch. Wie wenig man verscheuchte:
alles weiß noch, weint noch, tut noch weh –.
Und im Fortgehn durch die tränenfeuchte
abgelegene Allee

fühlt man lang noch auf dem Rand des Dachs
jene Urnen stehen, kalt, zerspalten:
doch entschlossen, noch zusammzuhalten
um die Asche alter Achs.

IN EINEM FREMDEN PARK

Borgeby-Gård

ZWEI Wege sinds. Sie führen keinen hin.
Doch manchmal, in Gedanken, läßt der eine
dich weitergehn. Es ist, als gingst du fehl;
aber auf einmal bist du im Rondel
alleingelassen wieder mit dem Steine
und wieder auf ihm lesend: Freiherrin
Brite Sophie – und wieder mit dem Finger
abfühlend die zerfallne Jahreszahl –.
Warum wird dieses Finden nicht geringer?

Was zögerst du ganz wie zum ersten Mal
erwartungsvoll auf diesem Ulmenplatz,
der feucht und dunkel ist und niebetreten?

Und was verlockt dich für ein Gegensatz,
etwas zu suchen in den sonnigen Beeten,
als wärs der Name eines Rosenstocks?

Was stehst du oft? Was hören deine Ohren?
Und warum siehst du schließlich, wie verloren,
die Falter flimmern um den hohen Phlox.

PAPAGEIEN-PARK

Jardin des Plantes, Paris

UNTER türkischen Linden, die blühen, an Rasenrändern,
in leise von ihrem Heimweh geschaukelten Ständern
atmen die Ara und wissen von ihren Ländern,
die sich, auch wenn sie nicht hinsehn, nicht verändern.

Fremd im beschäftigten Grünen wie eine Parade,
zieren sie sich und fühlen sich selber zu schade,
und mit den kostbaren Schnäbeln aus Jaspis und Jade
kauen sie Graues, verschleudern es, finden es fade.

Unten klauben die duffen Tauben, was sie nicht mögen,
während sich oben die höhnischen Vögel verbeugen
zwischen den beiden fast leeren vergeudeten Trögen.

Aber dann wiegen sie wieder und schläfern und äugen,
spielen mit dunkelen Zungen, die gerne lögen,
zerstreut an den Fußfesselringen. Warten auf Zeugen.

BLUMEN, ihr schließlich den ordnenden Händen verwandte,
(Händen der Mädchen von einst und jetzt),
die auf dem Gartentisch oft von Kante zu Kante
lagen, ermattet und sanft verletzt,

wartend des Wassers, das sie noch einmal erhole
aus dem begonnenen Tod –, und nun
wieder erhobene zwischen die strömenden Pole
fühlender Finger, die wohlzutun

mehr noch vermögen, als ihr ahntet, ihr leichten,
wenn ihr euch wiederfandet im Krug,
langsam erkühlend und Warmes der Mädchen, wie Beichten,

von euch gebend, wie trübe ermüdende Sünden,
die das Gepflücktsein beging, als Bezug
wieder zu ihnen, die sich euch blühend verbünden.

DIE ROSENSCHALE

ZORNIGE sahst du flackern, sahst zwei Knaben
zu einem Etwas sich zusammenballen,
das Haß war und sich auf der Erde wälzte
wie ein von Bienen überfallnes Tier;
Schauspieler, aufgetürmte Übertreiber,
rasende Pferde, die zusammenbrachen,
den Blick wegwerfend, bläkend das Gebiß
als schälte sich der Schädel aus dem Maule.

Nun aber weißt du, wie sich das vergißt:
denn vor dir steht die volle Rosenschale,
die unvergeßlich ist und angefüllt
mit jenem Äußersten von Sein und Neigen,
Hinhalten, Niemals-Gebenkönnen, Dastehn,
das unser sein mag: Äußerstes auch uns.

Lautloses Leben, Aufgehn ohne Ende,
Raum-brauchen ohne Raum von jenem Raum
zu nehmen, den die Dinge rings verringern,
fast nicht Umrissen-sein wie Ausgespartes
und lauter Inneres, viel seltsam Zartes
und Sich-bescheinendes – bis an den Rand:
ist irgend etwas uns bekannt wie dies?

Und dann wie dies: daß ein Gefühl entsteht,
weil Blütenblätter Blütenblätter rühren?
Und dies: daß eins sich aufschlägt wie ein Lid,
und drunter liegen lauter Augenlider,
geschlossene, als ob sie, zehnfach schlafend,

zu dämpfen hätten eines Innern Sehkraft.
Und dies vor allem: daß durch diese Blätter
das Licht hindurch muß. Aus den tausend Himmeln
filtern sie langsam jenen Tropfen Dunkel,
in dessen Feuerschein das wirre Bündel
der Staubgefäße sich erregt und aufbäumt.

Und die Bewegung in den Rosen, sieh:
Gebärden von so kleinem Ausschlagswinkel,
daß sie unsichtbar blieben, liefen ihre
Strahlen nicht auseinander in das Weltall.

Sieh jene weiße, die sich selig aufschlug
und dasteht in den großen offnen Blättern
wie eine Venus aufrecht in der Muschel;
und die errötende, die wie verwirrt
nach einer kühlen sich hinüberwendet,
und wie die kühle fühllos sich zurückzieht,
und wie die kalte steht, in sich gehüllt,
unter den offenen, die alles abtun.
Und *was* sie abtun, wie das leicht und schwer,
wie es ein Mantel, eine Last, ein Flügel
und eine Maske sein kann, je nach dem,
und *wie* sie's abtun: wie vor dem Geliebten.

Was können sie nicht sein: war jene gelbe,
die hohl und offen daliegt, nicht die Schale
von einer Frucht, darin dasselbe Gelb,
gesammelter, orangeröter, Saft war?
Und wars für diese schon zu viel, das Aufgehn,
weil an der Luft ihr namenloses Rosa
den bittern Nachgeschmack des Lila annahm?

Und die batistene, ist sie kein Kleid,
in dem noch zart und atemwarm das Hemd steckt,
mit dem zugleich es abgeworfen wurde
im Morgenschatten an dem alten Waldbad?
Und diese hier, opalnes Porzellan,
zerbrechlich, eine flache Chinatasse
und angefüllt mit kleinen hellen Faltern, –
und jene da, die nichts enthält als sich.

Und sind nicht alle so, nur sich enthaltend,
wenn Sich-enthalten heißt: die Welt da draußen
und Wind und Regen und Geduld des Frühlings
und Schuld und Unruh und vermummtes Schicksal
und Dunkelheit der abendlichen Erde
bis auf der Wolken Wandel, Flucht und Anflug,
bis auf den vagen Einfluß ferner Sterne
in eine Hand voll Innres zu verwandeln.

Nun liegt es sorglos in den offnen Rosen.

Siehe die Blumen, diese dem Irdischen treuen,
denen wir Schicksal vom Rande des Schicksals leihn, –
aber wer weiß es! Wenn sie ihr Welken bereuen,
ist es an uns, ihre Reue zu sein.

Alles will schweben. Da gehn wir umher wie Beschwerer,
legen auf alles uns selbst, vom Gewichte entzückt;
o was sind wir den Dingen für zehrende Lehrer,
weil ihnen ewige Kindheit glückt.

Nähme sie einer ins innige Schlafen und schliefe
tief mit den Dingen –: o wie käme er leicht,
anders zum anderen Tag, aus der gemeinsamen Tiefe.

Oder er bliebe vielleicht; und sie blühten und priesen
ihn, den Bekehrten, der nun den Ihrigen gleicht,
allen den stillen Geschwistern im Winde der Wiesen.

ROSA HORTENSIE

Wer nahm das Rosa an? Wer wußte auch,
daß es sich sammelte in diesen Dolden?
Wie Dinge unter Gold, die sich entgolden,
entröten sie sich sanft, wie im Gebrauch.

Daß sie für solches Rosa nichts verlangen.
Bleibt es für sie und lächelt aus der Luft?
Sind Engel da, es zärtlich zu empfangen,
wenn es vergeht, großmütig wie ein Duft?

Oder vielleicht auch geben sie es preis,
damit es nie erführe vom Verblühn.
Doch unter diesem Rosa hat ein Grün
gehorcht, das jetzt verwelkt und alles weiß.

Errichtet keinen Denkstein. Laßt die Rose
nur jedes Jahr zu seinen Gunsten blühn.
Denn Orpheus ists. Seine Metamorphose
in dem und dem. Wir sollen uns nicht mühn

um andre Namen. Ein für alle Male
ists Orpheus, wenn es singt. Er kommt und geht.
Ists nicht schon viel, wenn er die Rosenschale
um ein paar Tage manchmal übersteht?

O wie er schwinden muß, daß ihrs begrifft!
Und wenn ihm selbst auch bangte, daß er schwände.
Indem sein Wort das Hiersein übertrifft,

ist er schon dort, wohin ihrs nicht begleitet.
Der Leier Gitter zwängt ihm nicht die Hände.
Und er gehorcht, indem er überschreitet.

DAS ROSEN-INNERE

Wo ist zu diesem Innen
ein Außen? Auf welches Weh
legt man solches Linnen?
Welche Himmel spiegeln sich drinnen
in dem Binnensee
dieser offenen Rosen,
dieser sorglosen, sieh:
wie sie lose im Losen
liegen, als könnte nie
eine zitternde Hand sie verschütten.
Sie können sich selber kaum
halten; viele ließen
sich überfüllen und fließen
über von Innenraum
in die Tage, die immer
voller und voller sich schließen,
bis der ganze Sommer ein Zimmer
wird, ein Zimmer in einem Traum.

Rose, du thronende, denen im Altertume
warst du ein Kelch mit einfachem Rand.
Uns aber bist du die volle zahllose Blume,
der unerschöpfliche Gegenstand.

In deinem Reichtum scheinst du wie Kleidung um Kleidung
um einen Leib aus nichts als Glanz;
aber dein einzelnes Blatt ist zugleich die Vermeidung
und die Verleugnung jedes Gewands.

Seit Jahrhunderten ruft uns dein Duft
seine süßesten Namen herüber;
plötzlich liegt er wie Ruhm in der Luft.

Dennoch, wir wissen ihn nicht zu nennen, wir raten...
Und Erinnerung geht zu ihm über,
die wir von rufbaren Stunden erbaten.

DIE SONNENUHR

SELTEN reicht ein Schauer feuchter Fäule
aus dem Gartenschatten, wo einander
Tropfen fallen hören und ein Wander-
vogel lautet, zu der Säule,
die in Majoran und Koriander
steht und Sommerstunden zeigt;

nur sobald die Dame (der ein Diener
nachfolgt) in dem hellen Florentiner
über ihren Rand sich neigt,
wird sie schattig und verschweigt –.

Oder wenn ein sommerlicher Regen
aufkommt aus dem wogenden Bewegen
hoher Kronen, hat sie eine Pause;
denn sie weiß die Zeit nicht auszudrücken,
die dann in den Frucht- und Blumenstücken
plötzlich glüht im weißen Gartenhause.

PERSISCHES HELIOTROP

Es könnte sein, daß dir der Rose Lob
zu laut erscheint für deine Freundin: Nimm
das schön gestickte Kraut und überstimm
mit dringend flüsterndem Heliotrop

den Bülbül, der an ihren Lieblingsplätzen
sie schreiend preist und sie nicht kennt.
Denn sieh: wie süße Worte nachts in Sätzen
beisammenstehn ganz dicht, durch nichts getrennt,
aus der Vokale wachem Violett
hindüftend durch das stille Himmelbett –:

so schließen sich vor dem gesteppten Laube
deutliche Sterne zu der seidnen Traube
und mischen, daß sie fast davon verschwimmt,
die Stille mit Vanille und mit Zimmt.

SCHLAFLIED

EINMAL wenn ich dich verlier,
wirst du schlafen können, ohne
daß ich wie eine Lindenkrone
mich verflüstre über dir?

Ohne daß ich hier wache und
Worte, beinah wie Augenlider,
auf deine Brüste, auf deine Glieder
niederlege, auf deinen Mund.

Ohne daß ich dich verschließ
und dich allein mit Deinem lasse
wie einen Garten mit einer Masse
von Melissen und Stern-Anis.

VOR DEM SOMMERREGEN

Auf einmal ist aus allem Grün im Park
man weiß nicht was, ein Etwas, fortgenommen;
man fühlt ihn näher an die Fenster kommen
und schweigsam sein. Inständig nur und stark

ertönt aus dem Gehölz der Regenpfeifer,
man denkt an einen Hieronymus:
so sehr steigt irgend Einsamkeit und Eifer
aus dieser einen Stimme, die der Guß

erhören wird. Des Saales Wände sind
mit ihren Bildern von uns fortgetreten,
als dürften sie nicht hören was wir sagen.

Es spiegeln die verblichenen Tapeten
das ungewisse Licht von Nachmittagen,
in denen man sich fürchtete als Kind.

RÖMISCHE FONTÄNE

Borghese

Zwei Becken, eins das andre übersteigend
aus einem alten runden Marmorrand,
und aus dem oberen Wasser leis sich neigend
zum Wasser, welches unten wartend stand,

dem leise redenden entgegenschweigend
und heimlich, gleichsam in der hohlen Hand,
ihm Himmel hinter Grün und Dunkel zeigend
wie einen unbekannten Gegenstand;

sich selber ruhig in der schönen Schale
verbreitend ohne Heimweh, Kreis aus Kreis,
nur manchmal träumerisch und tropfenweis

sich niederlassend an den Moosbehängen
zum letzten Spiegel, der sein Becken leis
von unten lächeln macht mit Übergängen.

DER APFELGARTEN

Borgeby-Gård

Komm gleich nach dem Sonnenuntergange,
sieh das Abendgrün des Rasengrunds;
ist es nicht, als hätten wir es lange
angesammelt und erspart in uns,

um es jetzt aus Fühlen und Erinnern,
neuer Hoffnung, halbvergeßnem Freun,
noch vermischt mit Dunkel aus dem Innern,
in Gedanken vor uns hinzustreun

unter Bäume wie von Dürer, die
das Gewicht von hundert Arbeitstagen
in den überfüllten Früchten tragen,
dienend, voll Geduld, versuchend, wie

das, was alle Maße übersteigt,
noch zu heben ist und hinzugeben,
wenn man willig, durch ein langes Leben
nur das Eine will und wächst und schweigt.

ABEND IN SKÅNE

Der Park ist hoch. Und wie aus einem Haus
tret ich aus seiner Dämmerung heraus
in Ebene und Abend. In den Wind,
denselben Wind, den auch die Wolken fühlen,
die hellen Flüsse und die Flügelmühlen,
die langsam mahlend stehn am Himmelsrand.
Jetzt bin auch ich ein Ding in seiner Hand,
das kleinste unter diesen Himmeln. – Schau:

Ist das Ein Himmel?:
                                        Selig lichtes Blau,
in das sich immer reinere Wolken drängen,
und drunter alle Weiß in Übergängen,
und drüber jenes dünne, große Grau,
warmwallend wie auf roter Untermalung,
und über allem diese stille Strahlung
sinkender Sonne.
                                Wunderlicher Bau,
in sich bewegt und von sich selbst gehalten,
Gestalten bildend, Riesenflügel, Falten
und Hochgebirge vor den ersten Sternen
und plötzlich, da: ein Tor in solche Fernen,
wie sie vielleicht nur Vögel kennen...

Wie der Wächter in den Weingeländen
seine Hütte hat und wacht,
bin ich Hütte, Herr, in deinen Händen
und bin Nacht, o Herr, von deiner Nacht.

Weinberg, Weide, alter Apfelgarten,
Acker, der kein Frühjahr überschlägt,
Feigenbaum, der auch im marmorharten
Grunde hundert Früchte trägt:

Duft geht aus aus deinen runden Zweigen.
Und du fragst nicht, ob ich wachsam sei;
furchtlos, aufgelöst in Säften, steigen
deine Tiefen still an mir vorbei.

SCHLAF-MOHN

Abseits im Garten blüht der böse Schlaf,
in welchem die, die heimlich eingedrungen,
die Liebe fanden junger Spiegelungen,
die willig waren, offen und konkav,

und Träume, die mit aufgeregten Masken
auftraten, riesiger durch die Kothurne –:
das alles stockt in diesen oben flasken
weichlichen Stengeln, die die Samenurne

(nachdem sie lang, die Knospe abwärts tragend,
zu welken meinten) festverschlossen heben:
gefranste Kelche auseinanderschlagend,
die fieberhaft das Mohngefäß umgeben.

Voller Apfel, Birne und Banane,
Stachelbeere... Alles dieses spricht
Tod und Leben in den Mund... Ich ahne...
Lest es einem Kind vom Angesicht,

wenn es sie erschmeckt. Dies kommt von weit.
Wird euch langsam namenlos im Munde?
Wo sonst Worte waren, fließen Funde,
aus dem Fruchtfleisch überrascht befreit.

Wagt zu sagen, was ihr Apfel nennt.
Diese Süße, die sich erst verdichtet,
um, im Schmecken leise aufgerichtet,

klar zu werden, wach und transparent,
doppeldeutig, sonnig, erdig, hiesig –:
O Erfahrung, Fühlung, Freude –, riesig!

BLAUE HORTENSIE

So wie das letzte Grün in Farbentiegeln
sind diese Blätter, trocken, stumpf und rauh,
hinter den Blütendolden, die ein Blau
nicht auf sich tragen, nur von ferne spiegeln.

Sie spiegeln es verweint und ungenau,
als wollten sie es wiederum verlieren,
und wie in alten blauen Briefpapieren
ist Gelb in ihnen, Violett und Grau;

Verwaschnes wie an einer Kinderschürze,
Nichtmehrgetragnes, dem nichts mehr geschieht:
wie fühlt man eines kleinen Lebens Kürze.

Doch plötzlich scheint das Blau sich zu verneuen
in einer von den Dolden, und man sieht
ein rührend Blaues sich vor Grünem freuen.

Wo, in welchen immer selig bewässerten Gärten, an welchen
Bäumen, aus welchen zärtlich entblätterten Blüten-Kelchen
reifen die fremdartigen Früchte der Tröstung? Diese
köstlichen, deren du eine vielleicht in der zertretenen Wiese

deiner Armut findest. Von einem zum anderen Male
wunderst du dich über die Größe der Frucht,
über ihr Heilsein, über die Sanftheit der Schale,
und daß sie der Leichtsinn des Vogels dir nicht vorwegnahm
und nicht die Eifersucht

unten des Wurms. Giebt es denn Bäume, von Engeln beflogen,
und von verborgenen langsamen Gärtnern so seltsam gezogen,
daß sie uns tragen, ohne uns zu gehören?

Haben wir niemals vermocht, wir Schatten und Schemen,
durch unser voreilig reifes und wieder welkes Benehmen
jener gelassenen Sommer Gleichmut zu stören?

HERBSTTAG

HERR: es ist Zeit. Der Sommer war sehr groß.
Leg deinen Schatten auf die Sonnenuhren,
und auf den Fluren laß die Winde los.

Befiehl den letzten Früchten voll zu sein;
gieb ihnen noch zwei südlichere Tage,
dränge sie zur Vollendung hin und jage
die letzte Süße in den schweren Wein.

Wer jetzt kein Haus hat, baut sich keines mehr.
Wer jetzt allein ist, wird es lange bleiben,
wird wachen, lesen, lange Briefe schreiben
und wird in den Alleen hin und her
unruhig wandern, wenn die Blätter treiben.

Jetzt reifen schon die roten Berberitzen,
alternde Astern atmen schwach im Beet.
Wer jetzt nicht reich ist, da der Sommer geht,
wird immer warten und sich nie besitzen.

Wer jetzt nicht seine Augen schließen kann,
gewiß, daß eine Fülle von Gesichten
in ihm nur wartet bis die Nacht begann,
um sich in seinem Dunkel aufzurichten: –
der ist vergangen wie ein alter Mann.

Dem kommt nichts mehr, dem stößt kein Tag mehr zu,
und alles lügt ihn an, was ihm geschieht;
auch du, mein Gott. Und wie ein Stein bist du,
welcher ihn täglich in die Tiefe zieht.

ENDE DES HERBSTES

Ich sehe seit einer Zeit,
wie alles sich verwandelt.
Etwas steht auf und handelt
und tötet und tut Leid.

Von Mal zu Mal sind all
die Gärten nicht dieselben;
von den gilbenden zu der gelben
langsamem Verfall:
wie war der Weg mir weit.

Jetzt bin ich bei den leeren
und schaue durch alle Alleen.
Fast bis zu den fernen Meeren
kann ich den ernsten schweren
verwehrenden Himmel sehn.

HERBST

Die Blätter fallen, fallen wie von weit,
als welkten in den Himmeln ferne Gärten;
sie fallen mit verneinender Gebärde.

Und in den Nächten fällt die schwere Erde
aus allen Sternen in die Einsamkeit.

Wir alle fallen. Diese Hand da fällt.
Und sieh dir andre an: es ist in allen.

Und doch ist Einer, welcher dieses Fallen
unendlich sanft in seinen Händen hält.

UND du erbst das Grün
vergangner Gärten und das stille Blau
zerfallner Himmel.
Tau aus tausend Tagen,
die vielen Sommer, die die Sonnen sagen,
und lauter Frühlinge mit Glanz und Klagen
wie viele Briefe einer jungen Frau.
Du erbst die Herbste, die wie Prunkgewänder
in der Erinnerung von Dichtern liegen,
und alle Winter, wie verwaiste Länder,
scheinen sich leise an dich anzuschmiegen.
Du erbst Venedig und Kasan und Rom,
Florenz wird dein sein, der Pisaner Dom,
die Troïtzka Lawra und das Monastir,
das unter Kiews Gärten ein Gewirr
von Gängen bildet, dunkel und verschlungen, –
Moskau mit Glocken wie Erinnerungen, –
und Klang wird dein sein: Geigen, Hörner, Zungen,
und jedes Lied, das tief genug erklungen,
wird an dir glänzen wie ein Edelstein.

Für dich nur schließen sich die Dichter ein
und sammeln Bilder, rauschende und reiche,
und gehn hinaus und reifen durch Vergleiche
und sind ihr ganzes Leben so allein …
Und Maler malen ihre Bilder nur,
damit du *unvergänglich* die Natur,
die du vergänglich schufst, zurückempfängst:
alles wird ewig. Sieh, das Weib ist längst
in der Madonna Lisa reif wie Wein;
es müßte nie ein Weib mehr sein,
denn Neues bringt kein neues Weib hinzu.

Die, welche bilden, sind wie du.
Sie wollen Ewigkeit. Sie sagen: Stein,
sei ewig. Und das heißt: sei dein!

Und auch, die lieben, sammeln für dich ein:
Sie sind die Dichter einer kurzen Stunde,
sie küssen einem ausdruckslosen Munde
ein Lächeln auf, als formten sie ihn schöner,
und bringen Lust und sind die Angewöhner
zu Schmerzen, welche erst erwachsen machen.
Sie bringen Leiden mit in ihrem Lachen,
Sehnsüchte, welche schlafen, und erwachen,
um aufzuweinen in der fremden Brust.
Sie häufen Rätselhaftes an und sterben,
wie Tiere sterben, ohne zu begreifen, –
aber sie werden vielleicht Enkel haben,
in denen ihre grünen Leben reifen;
durch diese wirst du jene Liebe erben,
die sie sich blind und wie im Schlafe gaben.

So fließt der Dinge Überfluß dir zu.
Und wie die obern Becken von Fontänen
beständig überströmen, wie von Strähnen
gelösten Haares, in die tiefste Schale, –
so fällt die Fülle dir in deine Tale,
wenn Dinge und Gedanken übergehn.

INHALT

3. Auflage 2022 © Insel Verlag Frankfurt am Main und Leipzig 1993. Die Texte folgen der Ausgabe: *Rainer Maria Rilke: Werke in zwölf Bänden*. Herausgegeben vom Rilke-Archiv in Verbindung mit Ruth Sieber-Rilke. Besorgt durch Ernst Zinn. Insel Verlag Frankfurt am Main 1975. Bezugspapier: Foto von Marion Nickig, Essen. Gesetzt in der Schrift Bembo. Gedruckt auf holzfreies, alterungsbeständiges mattgestrichenes Papier der Firma Inapa, Hamburg, von der Memminger MedienCentrum AG, Memmingen. Gebunden in Fadenheftung von der Josef Spinner Großbuchbinderei GmbH, Ottersweier. Dieses Buch wurde klimaneutral produziert: climatepartner.com/14438-2110-1001. Printed in Germany. Erste Auflage 2013.

ISBN 978-3-458-19377-7. www.insel-verlag.de